Pr. Conserver l'aventure

DON CARLOS,

MAROTO ET LE PARTI MOINE.

SITUATION POLITIQUE DES AFFAIRES ROYALISTES
APRÈS LES ÉVÉNEMENS D'ESTELLA.
19 FÉVRIER.

PAR UN OFFICIER DE L'ARMÉE ROYALE.

TOULOUSE,
DAGALIER, LIBRAIRE,
RUE DE LA POMME.

1839.

À S. M. le Roi Charles Cinq.

SIRE,

En 1793, Louis XVI, roi de France, fut renversé du trône; sa tête tomba sur l'échafaud, et son noble sang rougit le sol de la France régicide. Pourquoi?... Parce que Louis XVI était un bon roi; mais un roi faible et de peu de caractère, qui ne voulut point armer son bras d'une verge de fer; parce qu'il eût craint de verser le sang de son peuple, et qu'il ne voulut point faire appel à la noblesse de France et à ses fidèles sujets. Pourquoi? Parce qu'il s'entoura d'hommes d'état qui le trahirent et le firent marcher, les yeux bandés, vers un abîme où ils le précipitèrent enfin!... Des millions de Français furent entraînés dans sa chute et partagèrent son sort malheureux. — La France et l'Europe s'en ressentirent long-temps après.

En 1830, Charles X, encore roi de France, faillit aussi ; et son trône fut renversé. Toute sa vieille et noble dynastie partagea son exil. Pourquoi ? Parce que Charles X était roi et M. de Polignac premier ministre. Pourquoi ?... Parce que l'extrême bonté du maître et l'impéritie et la présomption du serviteur, furent un obstacle à la fermeté qu'auraient pu déployer d'autres fidèles sujets.

Trois ans après, don Miguel, premier roi de Portugal, fut aussi remplacé au pouvoir par un frère usurpateur. Mais lui, il combattit long-temps, et toucha souvent au moment de vaincre et de ressaisir la couronne ; c'est que lui, Sire, il avait su s'attacher un homme fidèle et un général à talent et à caractère, le maréchal Bourmont enfin. Rien cependant ne put arrêter sa chute. Pourquoi ? Parce que des traîtres et des lâches se trouvèrent autour de lui et le livrèrent avec son général.

Sire, Louis XVI était votre oncle, Charles X était votre oncle, Don Miguel est votre neveu. — Or, votre oncle, Louis XVI, fut égorgé de la main même de son peuple; votre oncle, Charles X, est mort sur la terre étrangère, et votre neveu, Don Miguel, loin de Lisbonne, coule, dans Rome la belle, des jours obscurs et inutiles.

Et voilà pourquoi, Sire, tout roi qui n'aura pas assez de fermeté et d'énergie pour contenir de son bras de fer un peuple impétueux, toujours ami de l'anarchie, tombera précipité par sa faute du haut de sa grandeur.

Et voilà pourquoi un roi qui s'entourera d'hommes sans cœur et sans talent, un roi qui mettra sa confiance en des lâches et des traîtres, se livrera, pieds et poings liés, à ses ennemis, qui lui apprendront à mourir pour n'avoir pas voulu apprendre à vivre.

Sire, nous ne pouvons avoir la prétention de donner des conseils à V. M.; ce serait une inconséquence impardonnable; mais nous voulons rappeler son attention sur les événemens qui viennent de tout bouleverser dans son armée et dans ses provinces fidèles. — V. M. était entourée de traîtres odieux. — Un homme seul les a dispersés; et, avec tout homme fidèlement dévoué, nous nous en réjouissons. — Oui, le coup-d'état qui vient de frapper d'épouvante les ennemis de vos armes sauvera la monarchie espagnole, pourvu que V. M. ne s'entoure que de sujets fidèles à toute épreuve. — Déjà vous avez appelé près de vous des hommes capables de soutenir V. M. dans sa marche encore difficultueuse... Tout le monde applaudira à votre choix, comme tout le monde a applaudi à la chute du parti que Maroto vient de terrasser,.... à cette chute qui remplira de joie le cœur de tout homme de bien, de tout vrai royaliste.

DON CARLOS,

MAROTO ET LE PARTI MOINE.

Depuis près de six ans que la Péninsule gémit, ravagée par une guerre désolante et sanguinaire, aucun de tous les chefs qui ont commandé les deux armées, aucun, excepté Zumalacarregui, n'a pu trouver un moyen efficace pour achever la guerre; aucun n'osa frapper un coup décisif dont l'influence se fut immédiatement faite sentir dans tous les coins de l'Espagne.

Les jalousies continuelles, les rivalités désastreuses et le peu d'accord régnant entre les chefs de l'armée de Charles V, ont été jusqu'ici un obstacle insurmontable à la fin d'une lutte si acharnée... Tous voulaient commander, pas un ne voulait obéir; de là le manque de gens sur lesquels un général put compter; de là l'indiscipline et l'insubordination les plus prononcées.

Après la mort de son grand et malheureux organisateur, l'armée royaliste chercha dans ses rangs un chef dont le talent et la fermeté sut faire respecter l'autorité à lui confiée par le roi. Ne l'ayant su découvrir, elle obéit machinalement à la longue série de généraux qu'on lui imposa, et dont aucun n'osa résister ouvertement au parti-moine, parti malheureusement trop puissant auprès de D. Carlos. Tous, sans autre exception que Villareal, tous, dis-je, courbèrent la tête devant les ordres de l'évêque de Léon et du P. Larraga; et quels ordres, grand Dieu?.. sans cesse contradictoires..... Ce que l'on commandait, l'autre le défendait; et le chef de l'armée, et partant l'armée entière, jouaient un rôle de jour en jour plus ridicule... Ils étaient les serviteurs de quelques individus dont la nullité absolue et la grossière ignorance étaient passées en proverbe.

Le roi n'écoutait que la voix et les conseils de ces moines intrigans, qui, sous le masque d'un saint zèle pour leur religion, ne soupiraient qu'après le moment où ils pourraient reprendre leurs anciens pouvoirs, leurs anciens priviléges; — ils brûlent de remonter au faîte de leur grandeur passée, de rétablir plus solidement que jamais le tribunal infâme de l'odieuse inquisition, qui de tous citoyens libres ne faisait que des hôtes; et c'est pour cela qu'ils ne cessaient d'obséder le roi de leurs remontrances; c'est pour cela qu'ils ne laissaient approcher de lui que des hommes à eux, des hommes aussi intéressés qu'eux au triomphe du parti clérical..... Oh! il n'est pas de bassesses, d'infamies, qu'ils n'eussent employées pour parvenir à leur but; et ils ignoraient encore, les insensés, que le peuple aujourd'hui est quelque chose, et qu'eux déchus de leur splendeur d'autre fois, ne sont que les ombres fantastiques de tyrans dont on maudit le règne.

Dans des circonstances aussi funestes, une crise seule pouvait sauver le roi, crise terrible, mais inévitable. — Deux partis, tout le monde le sait, étaient depuis bien long-temps en présence dans le camp royaliste, aucun d'eux n'osait porter à l'autre le coup qui eût décidé du sort de l'Espagne; c'étaient le parti-moine et le parti-monarchique. Le premier, parti d'odieuses intrigues et de manœuvres clandestines et déloyales, ne voulait que son bien-être sans s'occuper de celui du roi, non plus que de celui de la patrie... Patrie, c'est un mot proscrit par lui; c'est un sentiment d'enthousiasme et d'amour qu'il ne comprend pas, un élan du cœur qu'il ne saurait sentir... Quel avenir, grand Dieu! promettait-il à l'Espagne?.. Les ténèbres, l'ignorance des temps les plus reculés; plus de progrès, plus de civilisation. L'Espagnol devait oublier jusqu'au sentiment même de sa propre existence; il devait tout sacrifier à un caprice fantastique du dernier des moines... Dès-lors tout avait à plier, comme jadis, sous l'influence du clergé; tout eût été régi, gouverné par lui; tous devaient trembler à sa voix, et se soumettre aveuglément à ses sentences les plus ridicules... Tel était le bon plaisir, tel était le plan de cet odieux parti...

L'autre, franchement attaché à la cause qu'il avait embrassée, n'employa jamais l'intrigue ni le silence; tout ce qu'il fit se fit au grand jour, aux yeux de l'armée entière, aux yeux de toute l'Europe. — Ami de la civilisation et du progrès, il voulait faire marcher l'Espagne l'égale des autres nations; il voulait polisser ses mœurs, corriger sa législation défectueuse, et détruire à jamais sur le peuple l'influence des couvens et d'un clergé fanatique... Voilà ce que voulait le parti-monarchique! — Mais il lui manquait un homme de cœur et de génie qui osât se mettre à la tête, braver la rage monastique, et qui ne craignît pas d'exposer sa tête à rouler sur le pavé aux pieds mêmes de ses ennemis. — Ce chef, et ce chef seul, pouvait amener cette crise nécessaire au maintien de la monarchie, en terrassant un parti proscrit et réprouvé par tout homme ennemi de la fourbe et de l'imposture... Cet homme de cœur et d'énergie, cet homme depuis si long-temps appelé par les vœux de l'armée, nous l'avons applaudi. Avec tout franc soldat, nous avons crié : — Vive Maroto! Quoique parmi ces cris de triomphe nous ayons entendu les glapissemens de quelques roquets, effrayés jusqu'au fond de l'ame du coup terrible qui vient d'abattre à leurs yeux quinze têtes remuantes et rebelles.

Certes, nous aussi, nous déplorons ces extrémités fâcheuses; nous aussi nous pleurons sur les cendres de généraux illustres qui tant de fois ont rendu à la cause royale des services si signalés; nous regrettons sincèrement Garcia, Carmona, et surtout le brave et malheureux Sans, et nous ne pouvons applaudir, sans arrière pensée, qu'au supplice bien mérité de l'odieux Guergué, l'assassin du malheureux brigadier D. José Cabanas, fils de l'ancien ministre de la guerre, jeune homme de vingt-six ans, sur lequel étaient fondées de si grandes espérances... Une vengeance particulière termina sa carrière... Guergué, alors général en chef, le fit lâchement assassiner. A celui-là donc toute notre haine au-delà de la tombe, à lui toute notre indignation, à cet infâme nos malédictions!!...

Oh! nous le répétons, nous aussi nous déplorons ces meurtres. Mais, hélas! qui, comme nous, n'en sentira toute la nécessité?.. Depuis trop long-temps déjà les jalousies des généraux les uns contre les autres ont causé bien assez de dommages : il était temps d'y mettre un terme. — Nous avons vu rarement un général en chef résister plus de six mois aux intrigues sans fin et aux complots orageux suscités contre lui par ses rivaux. — L'Infant D. Sébastien lui-même, le neveu du roi, ne tomba-t-il pas comme les autres? Et les quelques généraux qui lui restèrent fidèlement attachés ne partagèrent-ils pas sa disgrâce? Et cependant qui, plus qu'eux, méritait la reconnaissance du roi?.. Quels hommes, quels soldats, se sont jamais battus avec plus de vaillance et d'intrépidité que Villareal, Elio, Zaréategui, Gomez, Vargas, etc... Ils sont tombés pourtant, et plusieurs mois de prison ont expié leur trop pur dévouement..... C'est que leurs opinions franchement monarchiques déplurent au parti-clérical. Il eut peur de voir l'armée commandée par des hommes de cœur qui eussent rougi de se faire les humbles serviteurs de traîtres ignorans; — et pour les faire tomber, ils leurs suscitèrent des rivalités sans nombre, et ils complétèrent leur chute par l'élévation même de leurs rivaux. — Dès-lors ont commencé entre les généraux de l'armée royale toutes ces jalousies qui furent si funestes au maintien de l'ordre et de la discipline. — Pour faire donc cesser ces intrigues continuelles, il fallait un exemple... Sans cela, ils n'en eussent jamais fini; et bientôt après avoir passé en revue les nombreux généraux qui entourent son trône encore chancelant, Charles V eût pu chercher parmi les grades inférieurs un général en chef qui se pût soutenir et braver la tempête... — Ce qui, certes, en pareilles circonstances, eût été bien malaisé...

Le parti-moine, voulant à tout prix la chute de Maroto, conspira contre lui : il entraîna dans son complot les malheureux généraux dont la jalousie et l'animosité contre ce chef étaient déjà bien connues. Il leur arracha des signatures qui ont causé leur perte; que ce soit donc sur la tête de l'infâme Tejeiro et de ses dignes acolytes que retombe le sang de ces infortunés. — C'est à eux, à eux seuls que l'on doit reprocher leur supplice. L'une des victimes en tombant n'a-t-elle pas crié : « Ils nous ont trompé, ils nous ont arraché par fourberie les signatures qui nous mènent à la mort ! » — Ainsi ils ont joint la lâcheté à l'infamie; ils ont eu peur que la colère de l'armée entière ne retombât sur eux, et ils n'ont pas craint d'assumer sur la tête de ces malheureuses victimes toute la responsabilité de leur odieux complot.

Quelques individus ont avancé que Maroto, traître au roi, avait levé l'étendard de la révolte, et avait marché contre lui... Un journal de Toulouse n'a-t-il pas osé affirmer que Maroto était passé à l'ennemi. — Ridicule et odieuse calomnie, calomnie qu'un pareil journal seul pouvait admettre dans ses colonnes. Non, non, dans les veines du général Maroto coule un sang trop noble et trop loyal pour qu'il puisse être entré un instant dans son cœur le projet d'une fuite quelconque ou d'une révolte contre son souverain. Maroto, avance le même journal (d'ailleurs très peu exact dans ses relations les plus ordinaires), est généralement méprisé des soldats navarrais. — Oui, et c'est pour cela que par des soldats navarrais il fait fusiller des généraux, leurs compatriotes et leur idole ; c'est pour cela que l'obéissance la plus passive régna toujours dans ses exécutions, et que pas un mot de réprobation ne s'éleva des rangs de l'armée navarraise... Mais, c'est trop nous occuper d'un journal qui, depuis le vingt-un janvier d'ailleurs, a disparu dans la fange sous les pieds de milliers d'honnêtes gens.

D'autres individus encore se sont empressés de s'armer de la proclamation du roi pour crier contre Maroto, proclamation faite et écrite sous l'influence de la terreur, par Tejeiro et Larraga, ces deux lâches qui ont voulu chercher derrière le trône un refuge où ils pussent s'abriter contre l'indignation du peuple et de l'armée ; et ils ont cru qu'en arrachant au roi sa signature, ils en imposeraient aux braves des quatre provinces... Charles V, malheureusement trop faible, n'osa pas résister au moine intrigant ; et le P. Larraga, rayonnant de joie, s'empressa de répandre cette proclamation furibonde. Mais un nouveau manifeste est venu aussitôt désapprouver la première proclamation. — Le roi, dont on avait surpris la bonne foi, ouvrit les yeux sur la conduite de Maroto. — Il daigna établir une comparaison entre les intentions loyales de ce chef et les projets factieux de ses ministres. Aussitôt Maroto, reconnu sujet fidèle et dévoué, réhabilité dans son honneur, dans le commandement de l'armée et dans la faveur du monarque, n'a plus à se laver aux yeux de personne des crimes dont on l'accusait.

Cependant, les conséquences de la première proclamation du roi manquèrent devenir fort graves; et sans l'énergie deployée par ce brave général, l'on aurait eu à déplorer bien des malheurs.

Des troupes indépendantes de son commandement se saisirent de leurs armes, et à la voix du parti-moine, elles coururent sus *au traître Maroto*. — Celui-ci cependant se rendait à l'ordre du roi, qui l'avait appelé près de lui pour rendre compte de sa conduite; et ayant connaissance du mouvement des troupes Guipuzcoanes, cédant aux invitations des affidés du ministère, il se fit accompagner de quelques bataillons et de deux ou trois escadrons de cavalerie.

Toutes les troupes gagnées par le ministère avaient déjà traversé Tolosa pour *aller fusiller* Maroto; déjà le bruit courait que les troupes se battaient entre elles et que des coups de fusils retentissaient dans les montagnes. — L'émigration commençait; le pauvre habitant de Tolosa fuyait loin du champ de bataille, lorsque tout-à-coup Maroto, à la tête de son état-major et de ces mêmes troupes qui, un quart d'heure avant, ne voulaient entendre prononcer que des cris de mort, paraît calme, digne, la sérénité sur le visage, et fait ainsi son entrée dans la ville. — Il avait rencontré les troupes envoyées contre lui; seul, il s'était avancé vers elles. — Il leur avait expliqué sa conduite, et dès-lors plus un cri de haine, plus un cri de mort, plus rien, que des cris d'enthousiasme et d'admiration. — Vive Maroto ! mort aux traîtres !! tels étaient les cris au milieu desquels ce général parut à Tolosa.

Est-ce donc ainsi que l'on trompe une armée entière?... Deux mots suffirent-ils jamais à calmer une insurrection aussi violente?... Qu'on cite un fait dans l'histoire où, d'une seule parole, un traître a réuni à son armée des troupes envoyées contre elles...

Certes, si Maroto eût été un assassin ou un traître, si les généraux exécutés par ses ordres eussent été innocens et purs de toute rébellion, l'armée entière ne se serait pas ainsi levée à sa voix, et les soldats Navarrais, qui jamais n'ont eu peur de personne, ne se fussent pas faits les exécuteurs de ses ordres, s'ils avaient été injustes. — Ils eussent mille fois plutôt tourné leurs armes contre lui. Ainsi donc, avouons-le, Maroto est un homme de génie et de cœur, et le coup qu'il vient de frapper, semblable au 18 brumaire, Napoléon, Zumalacarregui ou Maroto, seuls, pouvaient le projeter et l'exécuter.....

..... Ce grand coup-d'état délivre donc l'Espagne des chefs d'un odieux parti ; un ordre d'exil n'a pas tardé à leur être signifié, et au moment où nous écrivons ces lignes, plus de cinquante personnes sont déjà arrivées à Bayonne. — Arias Tejeiro et le P. Larraga, les deux principaux fauteurs de tous ces troubles et de ces divisions, ont fui les premiers. — Ils ont bien fait; ils n'eussent pas évité autrement le châtiment dû à tant de perfidies et de trahisons. — Un moment de retard les eût perdus : et aujourd'hui leur sang eût vengé celui des malheureuses victimes de leurs lâches intrigues...

Ah! M. Arias Tejeiro, vous avez cru qu'en ourdissant dans l'ombre et le silence le plus odieux des complots vous arriveriez à vos fins. — Vous avez cru, rusé diplomate, qu'en mettant en avant quelques personnes qui pussent, en cas d'échec, être chargées de vos iniquités, vous pourriez échapper ainsi à l'indignation de l'Europe entière..... Vous n'avez pas osé, lâche, agir au grand jour et prendre sur vous toute la responsabilité de cette trame indigne. — Vous avez cru qu'à l'abri du trône et d'un pouvoir dont vous avez abusé, il vous serait aisé de conspirer sans danger..... Ah! détrompez-vous; le doigt du Très-Haut s'appesantit tôt ou tard sur tout grand coupable. Vous l'avez éprouvé, aujourd'hui que, brisé par la noble épée d'un franc et loyal soldat, il ne vous reste plus même l'estime et l'affection de vos affidés.....

Et vous, père Larraga, qui avez fait servir votre influence de confesseur à suborner la conscience royale, pour satisfaire des haines particulières et irréconciliables chez vous, tournez vos regards en arrière; écoutez les malédictions de tout un peuple, qui vous poursuivent jusque sur un sol étranger... Ecoutez ces applaudissemens qui accueillent la nouvelle de votre chute; de toute la force et la sincérité de notre ame nous y joignons les nôtres... et, avec le peuple navarrais, nous répèterons : « Vive Maroto, le vengeur de la dignité du pays !!!...

Après la chute du ministère-monacal, le cabinet a été immédiatement recomposé. — C'est encore un moine qui est mis à la tête des affaires... Mais quelle différence de celui-ci à ses prédécesseurs. — Chez ce moine pas de fanatisme, pas de perfidies, pas de fraude. — L'archevêque de Cuba, le vénérable P. Cyrilo, sujet fidèle à toute épreuve, a été la victime de ses principes et de ses opinions royalistes ; proscrit par l'usurpation à cause de son attachement à la personne du roi, il vint, il y a déjà long-temps, déposer aux pieds de Charles V l'hommage de son pur dévouement, et lui offrir l'appui de ses hautes connaissances et de ses talens remarquables. — Prélat doux et tolérant, prêtre digne, charitable, moine pieux et modeste, il fera oublier, sans doute, la fourbe, l'imposture et les basses intrigues de ses prédécesseurs, ennemis de sa loyauté et de sa franchise.....

Certes, nous applaudissons sincèrement à l'avènement du P. Cyrilo à la présidence du conseil. — Mais on nous permettra de jeter quelques mots de regret sur l'oubli que l'on fait des loyaux services d'un ancien ministre, dont personne ne peut avoir oublié la noble conduite. Proscrit par le parti-moine, qui a disparu aujourd'hui du sol espagnol, obligé de s'expatrier pour échapper à la haine envenimée de cette faction qui depuis long-temps travaillait à sa chute et minait sourdement les fondemens de sa grandeur, Don Carlos Cruz-Mayor, le premier homme chargé par Charles V de la conduite de tous les ministères ensemble, et qui, dans des circonstances bien différentes (c'était au commencement de la guerre et lorsque Zumalacarregui était tout-puissant en Navarre), les fit marcher avec une si rare intelligence, certes, cet homme, précieux à la cause, ne devait pas rester dans l'obscurité. — Et cependant, exilé à Nice, où les chagrins et les dégoûts dont on l'a abreuvé ont détruit sa santé chancelante, il n'a pas encore reçu l'ordre de son rappel. — Rien ne semble plus se rattacher à lui ; personne ne veut paraître se souvenir de Cruz-Mayor..... Si l'oubli de ses services, si l'ingratitude avec laquelle on les a payés, ont été pour son cœur un coup bien douloureux, qu'il se souvienne qu'il lui reste encore des amis sincères sur lesquels il peut compter à la vie et à la mort... Peut-être cette persuasion adoucira-t-elle l'amertume de ses chagrins.

Nous ne croyons pouvoir mieux faire que de terminer ces lignes par notre profession de foi, quelqu'indifférente qu'elle puisse être, pour d'autres que pour nous : Fidèlement et invariablement attaché à la cause légitimiste, nos sympathies pour la cause de Don Carlos sont grandes et inaltérables. — Nous regrettons seulement que le caractère trop doux, nous dirons même trop faible de ce monarque, ne lui permette pas de régner par lui-même... Mais avec les hommes dont il est entouré maintenant, et avec l'aide de Dieu, nous espérons tout pour sa cause. Notre profession de foi se terminera donc par ces quelques mots, répétés avec enthousiasme par l'armée entière.., et le peuple des quatre provinces........

Vive le roi ! vive Maroto !! vive le R. P. Cyrilo !!!

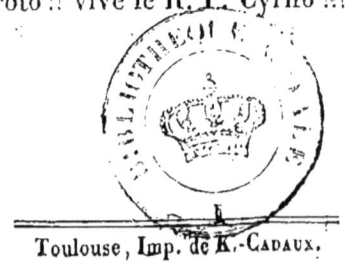

Toulouse, Imp. de K.-Cadaux.

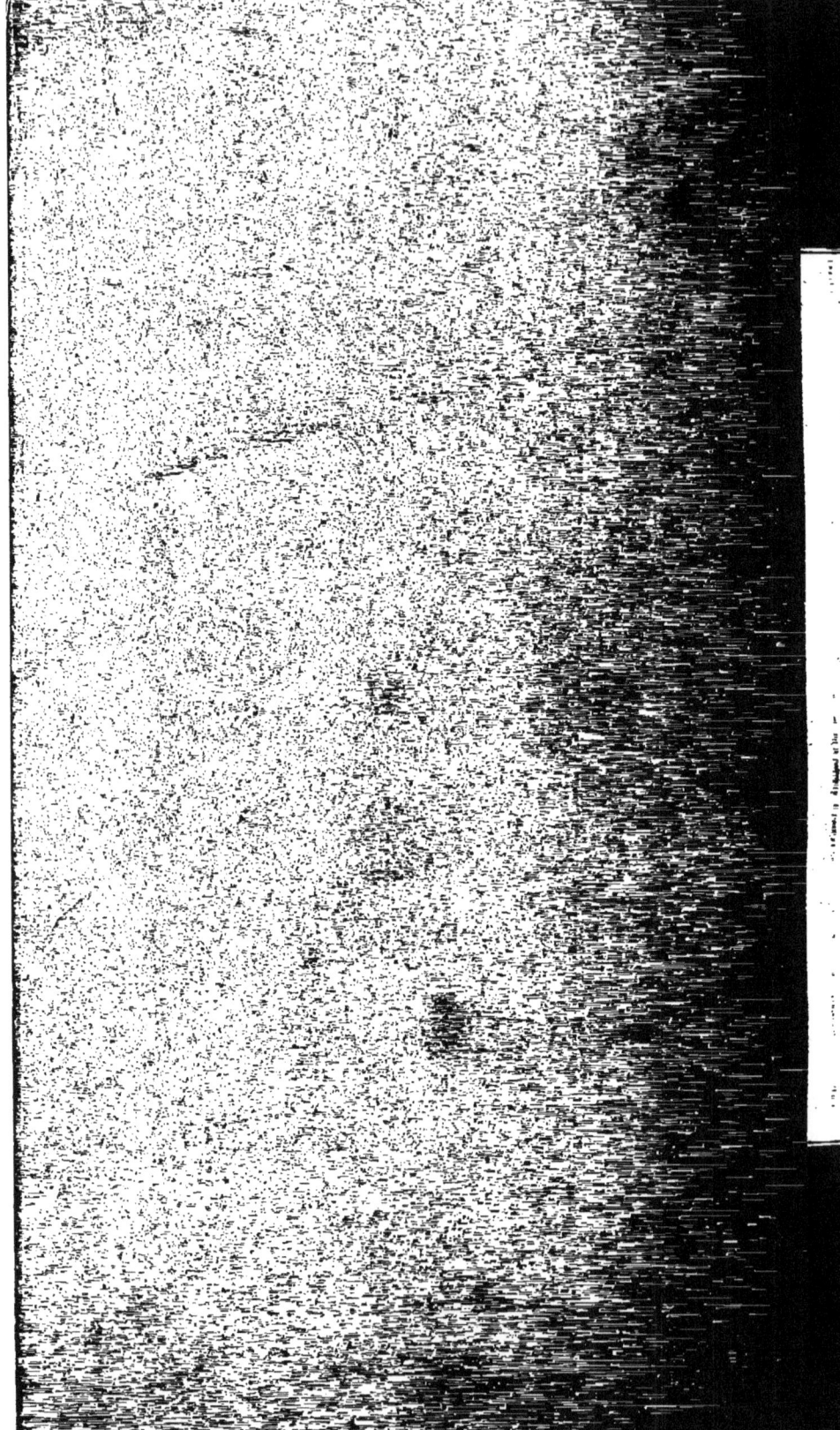

www.ingramcontent.com/pod-product-compliance
Lightning Source LLC
Chambersburg PA
CBHW070453080426
42451CB00025B/2724